초등학생의 진로와 직업 탐색을 위한
잡프러포즈 시리즈 09

수의사는 어때?

초등학생의 진로와 직업 탐색을 위한
잡프러포즈 시리즈 09

수의사는

김희진 지음

어때?

TALK SHOW

차례

CHAPTER 07

수의사의 미래

CHAPTER 08

수의사 김희진을 소개합니다

CHAPTER 09

10문 10답 Q&A

CHAPTER. 01

수의사 김희진의

프러포즈

수의사 김희진의
프러포즈

안녕하세요. 수의사 김희진이에요. 오늘은 태어난 지 두 달밖에 되지 않은 귀여운 강아지에게 주사를 놓았고, 열세 살 할머니 반려견에게 남은 시간이 많지 않다는 것을 보호자에게 알려줬어요. 동물병원은 생명체가 건강하게 자라도록 도와주고, 평화롭게 떠나도록 준비하는 곳이에요.

동물을 사랑하고, 동물을 위해서 할 수 있는 일을 찾는 어린이에게 수의사는 정말 좋은 직업이에요. 어디가 아픈지 말을 하지 못하는 동물의 병을 알아내 치료하는 일은 언제나 뿌듯하죠. 건강해진 동물이 뛰어다니며 좋아하는 걸 보는 기쁨도 크고요.

어려서부터 수의사가 꿈이었던 저는 이제 꿈을 이루고 수의사로 행복하게 살아가고 있어요. 지금부터 여러분에게 그 이야기를 들려줄게요.

CHAPTER. 02

수의사는

누구인가요?

수의사는 동물을 치료하는 의사를 말해요. 오랜 옛날부터 동물을 치료하는 일을 해왔던 수의사는 현대 사회에서 매우 필요한 직업이 되었어요. 수의사가 해야 할 일도 많아졌고 요. 이 장에서는 수의사가 하는 구체적인 일을 알아보아요.

수의사라는 직업은 언제 생겼나요?

2500년 전 중국 주나라에 '수의(獸醫)'라는 관직이 있었어요. 군사용으로 쓰는 말의 질병을 관리하는 일을 했는데 말에게 침을 놓았다는 기록도 있어요. 지금 우리가 쓰는 수의사라는 말이 거기서 나왔죠.

고대 인도에서는 '코끼리와 말 의사'가 있었고, 메소포타미아의 함무라비 법전에는 '소와 당나귀 의사'라는 단어가 나와요. 고대 이집트도 소의 질병에 관한 증상과 치료에 대한 내용을 기록으로 남겼고요.

꼭 언제부터라고 말할 수는 없지만 사람이 동물과 함께 살면서 동물의 병을 치료하는 일이 시작되었다고 할 수 있어요. 영어로 수의사는 veterinarian이라고 하는데, 로마시대에 동물을 치료하는 사람이라는 뜻의 아랍어를 라틴어로 번역한 veterinarius에서 나왔어요.

우리나라 최초의 수의사는?

이달빈이라는 분이에요. 1893년에 제주도에서 태어나 일제강점기에 일본에서 수의학을 공부했어요. 항일운동가로도 활동했고 해방 후에 창경원 동물원장을 맡았어요. 말에 대한 전문지식이 많은 분이라 한국 마사회와 미군의 기마헌병대 등에서 수의사로 활동하셨고요.

서울대학교 수의과대학이 만들어질 때 참여해서 우리나라 축산학 과 수의학의 발전에 도움을 주셨어요. 한국전쟁이 끝나고 고향인 제주 도에 정착해서 제주대학교 수의학과에서 강의하며 수의사들을 길러냈 죠. 돌아가실 때까지 제주의 말산업과 축산업 발전에 온 힘을 쏟으셨 다고 해요.

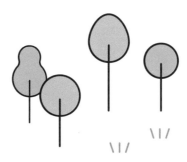

동물을 치료하는 사람, 수의사!

사람이 동물과 함께 살면서
동물의 병을 치료하는 일은 시작되었어요.
고대 중국과 인도, 이집트에서도 기록을 남길 만큼
중요한 일이었답니다.

수의사는 임상과
비임상 수의사로 나뉘어요

수의사는 보통 반려동물은 물론이고 소, 돼지, 닭, 말 등 산업동물의 치료를 맡아서 한다고 알려져 있어요. 대다수의 수의사가 동물을 치료하는 일을 하는 건 맞지만 현대의 수의사는 그보다 훨씬 다양한 일을 하고 있어요.

우리가 매일 먹는 우유의 경우 수의사가 우유의 질을 검사하고, 우유에 대한 여러 연구를 하고 있어요. 우유회사는 수의사를 꼭 고용해야 하고요. 또 동물실험을 하는 화장품 회사와 동물이 먹는 사료 회사, 사람과 동물의 의약품을 개발하는 제약회사에서도 수의사를 필요로 해요.

동물원에서 일하는 수의사도 있어요. 서울대공원이나 어린이대공원과 같은 공공기관에서는 공무원 시험을 거쳐서 수의사를 뽑아요. 아쿠아리움이나 사설 동물원도 꼭 수의사가 있어야 해요. 저도 2013년에 서울대공원으로 실습을 나간 적이 있는데요. 그때는 돌봐야 할 동물의 수는 많은데 수의사가 부족했어요. 요즘엔 많아졌다고 해요.

이렇게 동물을 진찰하고 검사해서 치료하는 일을 하는 수의사를 임상 수의사라고 해요. 화장품 회사에서 동물실험을 관리하거나, 제약회사에서 의약품 개발을 하는 수의사는 비임상 수의사라고 하죠. 그중에는 공무원이 되어서 검역 관련 업무를 하거나, 조류인플루엔자나 구제역이 발생했을 때 방역업무를 하는 비임상 수의사도 있어요. 수의사 중에서 18% 이상이 공무원으로 일하고 있을 만큼 정부에서도 수의사를 필요로 하는 일이 많아요.

이처럼 동물과 관련있는 일을 하는 곳에는 꼭 수의사가 있어야 한답니다. 어때요? 수의사들은 여러분이 생각한 것보다 훨씬 다양한 일을 하고 있지요?

진료할 동물에 따라 달라지는 임상 수의사

　수의사는 어떤 동물을 치료하느냐에 따라 분야가 나뉘어 있어요. 개, 고양이와 같이 작은 동물을 치료하는 수의사를 소동물 수의사라고 해요. 소, 말처럼 큰 동물을 치료하는 수의사를 대동물 수의사라고 하고요. 이구아나, 카멜레온, 앵무새, 햄스터같은 설치류 종류를 포함해서 특수동물을 치료하는 수의사도 있지요.

　한 가지 동물만 담당하는 수의사도 있어요. 물고기만 치료하거나 벌만 치료하는 수의사죠. 물고기와 벌의 경우 떼로 키우기 때문에 한 마리씩 치료할 수 없어서 군집 치료를 해요.

수의사의 직급은
어떻게 되나요?

수의과대학을 졸업한 후 병원에 취업하면 처음에는 인턴 수의사로 1~2년 정도 일을 배우면서 근무해요. 학교에서 배울 수 없는 것이나 글로만 배운 것들을 배우죠. 예를 들면 보호자를 만났을 때 어떤 질문을 해야 하는지, 강아지 피는 어떻게 뽑는지, 고양이 혈압은 어떻게 재는지 등을 인턴으로 일하면서 배워요.

그 후에는 동물병원을 차리거나 월급을 받는 수의사로 취직을 해요. 직급은 정하기 나름인데, 큰 병원에서는 경력이 어느 정도 쌓이면 과장이나 부원장, 원장의 이름을 붙여주기도 해요. 수의사는 직급보다는 능력이 더 중요한 것 같아요.

일반 회사에서 일하거나 공무원이 된 수의사는 일하는 곳의 직급을 따르죠.

CHAPTER. 03

수의사가

되려면?

수의사에게 필요한 자질은 무엇일까요? 적성에 맞는지 미리 알아보는 방법은 없을까요? 선배 수의사 김희진 선생님의 이야기를 따라가 보아요. 수의사가 되려면 어떤 과정을 거쳐야 하는지도 알려주신대요.

사람과 동물 모두와 소통하는 공감 능력이 필요해요

동물은 말을 못하기 때문에 겉으로만 봐서는 어디가 아픈지 알 수 없어요. 그때는 증상을 잘 알고 있는 보호자의 이야기를 들어 보고 어떤 검사를 할지 판단해요. 검사 후 병명을 알았다면 치료하는 방법에 대해 또 보호자와 이야기를 하죠. 어떤 증상이 있으니 이럴 땐 이렇게, 저럴 땐 저렇게 해야 치료가 잘 될 수 있다고요.

동물은 고통을 느끼는 생명체에요. 그러니까 세심하게 관찰하고 돌봐야 하죠. 수의사는 그런 동물의 상태와 마음을 알아차려야 하고요. 또 아픈 동물을 걱정하고 안타까워하는 보호자의 마음도 이해해야 해요. 보호자의 얘기를 잘 들어주고, 도움이 되는 이야기도 해주고요.

이렇게 수의사는 사람과 동물 모두와 소통할 수 있는 공감 능력을 갖춰야 해요.

자신의 적성에 맞는지
미리 알아보기

　수의사가 되는 꿈을 가졌다면 이 직업이 어떤 일을 하는지 구체적으로 알아보는 경험을 해 보면 좋겠어요. 가장 쉬운 방법은 책을 보는 거예요. 제가 본 책 중에 『수의사가 말하는 수의사』가 있어요. 동물원 수의사, 일반 임상 수의사, 연구하는 수의사 등 여러 사람들의 인터뷰가 들어 있어요. 선배 수의사들의 이야기를 들을 수 있어서 도움이 많이 되었죠.

　수의사라는 직업의 인기는 높은데 수의사가 하는 일에 대해서는 잘 알려지지 않은 경우가 많아요. 그래서 사랑스런 아기 동물들을 돌보면서 돈도 벌 수 있는 일이지 않을까 하는 아름다운 상상을 하는 것 같아요. 하지만 수의사는 동물이 예쁘고 사랑스러운 상태가 아니라 아프고 가장 고통스러운 모습을 보는 사람이에요. 또 치료할 때는 몇 시간 동안 서서 어려운 수술도 해야 하고요. 공포에 질린 고양이의 공격을 받기도 하고 고통스러워서 사나워진 강아지에게 물리기도 해요. 그래서 수의사가 되기 전에 수의사가 어떤 일을 하는지 충분히 알아보는 일이 중요하죠.

직접 체험하는 방법도 추천해요. 가장 좋은 방법은 동물병원에 하루 종일 앉아있어 보는 거예요. 자주 방문하는 동물병원이 있다면 수의사 선생님의 허락을 받아서 동물병원에서의 하루를 체험해 보세요. 생각보다 너무 한가할 수도 있고, 너무 바쁘고 힘들어 보일 수도 있어요. 그걸 옆에서 지켜보면서 자신의 미래를 상상해 보면 내가 감당할 수 있는 일인지 아닌지 알 수 있을 거예요.

+ 간단하게 알아보는 수의사 적성검사

아니다 0점 / 약간 그렇다 1점 / 매우 그렇다 2점

① 강아지, 고양이, 말, 소, 돼지, 토끼, 햄스터 등 어떤 동물이든 좋아하는 동물이 있다.

② 피를 보는 게 무섭지 않다.

③ 체력이 좋은 편이다.

④ 다른 사람에게 내 의견을 전달하는 게 어렵지 않다.

⑤ 공감 능력이 있다. (동물의 편에 서줄 사람이 필요하다.)

⑥ 눈치가 빠르다. (질병의 진단에 유용할 수 있다.)

⑦ 기억력이 좋다.

⑧ 손이 꼼꼼한 편이다.

⑨ 스트레스를 잘 푸는 편이다. (감정노동이 많으며 우울증이 오기 쉬운 직업이다.)

⑩ 작은 것에도 잘 기뻐한다.

결과

15점 이상: 수의사에 잘 맞습니다. 10~15점: 조금 더 고민해 봐요!

10점 이하: 다른 꿈도 추천합니다.

학교 공부는 열심히!

수의사가 되기 위해서 어떤 공부를 따로 할 필요는 없어요. 대학 입시 준비를 잘하는 게 중요하죠. 수학과 과학은 거의 다 맞거나 1등급을 받아야 해요. 수학은 대학교에 가면 쓸 일은 별로 없지만 중요한 입시 과목이니까요.

영어는 중요해요. 수의학과에서 보는 전공 책은 대부분 영어로 쓰여 있어요. 영어 능력이 부족하면 일일이 단어를 찾아서 봐야 하니까 시간이 많이 걸려요. 영어로 책을 보는 게 익숙하면 훨씬 도움이 되죠. 동물과 관련한 단어는 학문에만 쓰이는 게 많은데 영어로 되어 있어요. 이름을 외우는 일이 어렵죠.

수의과대학으로 진학하기

수의사가 되는 방법은 딱 한 가지예요. 수의과대학을 졸업해서 수의사 국가고시에 통과하는 것이에요. 전국에 열 개 대학에 수의과대학이 있는데, 건국대학교만 사립대학이고 나머지 아홉 개는 국립대학이에요. 열 개 대학을 다 합쳐도 1년에 5~600명 정도만 수의예과에 진학할 수 있어요.

대학을 졸업하면 1년에 한 번 있는 수의사 국가시험을 봐요. 이 시험에 합격해야 수의사가 돼요. 외국 대학에서 수의학과를 졸업한 사람도 국가시험을 볼 수 있어요. 그래서 간혹 동남아시아 국가에서 대학을 졸업하고 우리나라에서 시험을 보는 경우도 있죠.

수의과대학에서 배우는 것은?

학교에서는 생리학, 병리학, 조직학, 해부학 등 기본이 되는 학문을 먼저 배워요. 그리고 인수 공통 전염병에 대한 학문과 세균과 관련된 미생물학도 배우고요. 이렇게 공통과목을 다 배우고 나면 내과학, 외과학을 배우고, 수의 윤리학과 수의 영양학도 배우죠. 동물을 치료하는 임상도 배우지만 비임상 쪽으로 가는 학생들도 많아서 여러 학문을 두루 공부해요.

대학마다 이렇게 공통된 과목을 배우는데, 학교마다 중심적으로 가르치는 학문은 조금 달라요. 강원대 쪽은 철새도 많고 야생동물이 많아서 야생동물의학을 배우고 제주대는 말에 대해 더 많이 배우는 거죠.

인턴 과정은 필수

국가시험에 합격해서 수의사 자격증을 받았다고 바로 병원을 차리기는 어려워요. 보통은 동물병원에 인턴으로 취직해서 선배 수의사들에게 일을 배우죠. 학교에서 동물원이나 소 농장, 마사회 등으로 임상 실습을 나가긴 하지만 그것만으로는 배움이 부족해요.

요즘엔 동물보호법이 강화되어서 학교에서 해 볼 수 있는 임상 훈련이 적어요. 학교에서는 기증된 사체로만 해부 실습을 할 수 있어요. 그런데 기증된 사체는 이미 중성화수술이 되어 있는 경우가 많아요. 그래서 카데바(해부용 사체) 모형으로 실습해요. 살아있는 동물을 실제로 수술하는 것과 차이가 있고 실습의 양도 부족해요.

그래서 동물병원에 인턴으로 들어가 선배 수의사들에게 수술하는 방법과 진단하는 법을 배우면서 경험을 많이 쌓는 게 중요해요.

CHAPTER. 04

수의사의

매력

4장에서는?

수의사는 매력있는 직업이에요. 동물을 사랑하는 마음만큼 동물을 위해 할 수 있는 일도 많다고 해요. 전문직의 장점도 있고요!

성공할 수 있는 직업

　　다른 직업도 그렇겠지만 수의사는 능력에 따라 얼마든지 성공의 가능성이 열려있는 직업이에요. 석박사 학위를 따고 능력을 키워서 많은 월급을 받고 일할 수도 있고, 동물병원을 열어서 성공할 수도 있어요.

　　현재 반려동물산업의 규모는 해마다 커지고 있어요. 더 건강하게 더 안전하게 반려동물을 키우려는 보호자가 많아서 사료와 간식을 만들 때, 반려동물 용품을 만들 때도 수의사의 능력을 필요로 해요. 관심이 있고 능력이 있다면 수의사가 할 수 있는 일은 많이 있어요.

언제든 쉬었다가
다시 일할 수 있는 전문직

저는 결혼해서 아이를 낳고 다니던 병원을 그만두고 1년 동안 육아를 했어요. 다른 직업이었다면 새로운 직장을 구하거나 하던 일을 연결해서 하는 일이 어려울 수도 있을 것 같아요. 그런데 수의사는 일을 그만두었다가도 언제든 다시 일을 할 수 있어요. 동물병원에 취직하는 것도, 개인 동물병원을 여는 것도 어렵지 않으니까요.

사정이 생겨서, 혹은 다른 일을 하고 싶어서 수의사를 그만두었다가도 돌아가고 싶으면 언제든지 다시 수의사로 일할 수 있어요. 이게 전문직의 매력인 것 같아요.

제가 일하는 동물병원이에요.
치료를 마친 강아지가 웃고 있네요~

무엇보다 생명을 살려내는 보람이 있어요

병원은 아픈 동물들이 와요. 가벼운 부상을 입은 동물은 간단한 처치를 하고, 치료가 쉬운 병을 가진 동물은 적절한 약물을 써서 치료해요. 가벼운 병이라도 관심을 갖지 않고 놔두면 큰병이 될 수 있으니까 보호자들에게 증상을 잘 설명하는 일도 하고요.

할 수 있는 치료를 모두 했는데도 생명이 위태로운 동물도 있지요. 그럴 때는 보호자에게 "얘는 얼마 못 살 것 같아요."라고 말씀을 드려요. 보호자도 마음의 준비가 필요하니까요. 그런데 위기를 넘기고 살아나서 건강하게 걷고 꼬리치는 동물이 있어요. 그 모습을 보면 정말 뿌듯해요. 고마운 마음도 들고요.

미리 예방하면 걸리지 않는 병인데 심하게 아프고 나서야 병원을 찾는 경우가 있어요. 강아지와 고양이 암컷이 잘 걸리는 자궁축농증이라는 병이 그래요. 자궁에 세균이 감염되어 염증을 일으켜 고름이 쌓이는 병이죠. 보호자가 동물의 병을 알아차리고 병원에 올 때는 이미 자궁에 고름이 가득 차 있어요. 다행히 중성화수술만 잘하면 깨끗하게 나아요.

반려동물을 처음 키우는 보호자는 이런 병이 있는지 알지 못하는 경우가 많아요. 몰랐던 건 어쩔 수 없지만 중성화수술을 하면 병이 안 생기는 것을 알고도 그냥 놔두는 보호자가 있어요. 수술비가 비싸서 아깝다고요. 하지만 반려동물이 아픈 모습을 보면 후회를 해요. 그러니까 반려동물의 중성화수술은 2세 전에 미리 해주면 좋겠어요.

CHAPTER. 05

수의사의

하루

<u>**5장에서는?**</u>

수의사라고 종일 동물병원에만 있지 않아요. 김희진 선생님은 수술도 하고 강의도 하며
바쁜 나날을 보내고 있어요. 어떤 일을 하며 하루를 보내는지 알아보아요.

진료하고 수술하기

병원에 출근해서 가장 먼저 하는 일은 예약된 진료 목록을 살펴보는 거예요. 중요한 일은 먼저 할 수 있도록 일의 순서를 정하죠. 마취가 필요한 스케일링이나 중성화수술은 보통 오전에 해요. 수술을 받은 동물이 마취에서 잘 깨어나는지, 수술은 잘 되었는지 살펴볼 시간이 필요하거든요. 어떤 날은 하루 종일 수술만 하기도 해요. 오늘은 그만큼은 아니라서 오전에 수술을 모두 끝낼 것 같아요.

점심 및 휴식

1시부터 2시까지 점심시간이라 점심 먹고 잠깐 쉬었어요. 작은 동물들을 수술할 때는 세심한 손놀림이 필요해요. 수술 할 때는 집중하느라 몰랐는데 끝나고 나니 손목과 손가락이 좀 아파서 간단한 스트레칭도 했어요.

오후에는 예약된 동물들의 진료를 보는 시간이에요. 30분 단위로 예약을 받아서 진료하는데 토요일과 월요일은 진료 예약이 빼곡하게 차 있어요. 오늘은 오후 진료를 짧게 보는 날이라 좀 여유가 있어요. 진료하는 틈틈이 오전에 수술했던 동물들의 상태를 차트에 입력하는 일도 하고 오늘 쓴 약품의 양을 기록해요. 동물병원에서 쓰는 약 중에는 마취제가 있어서 꼼꼼하게 기록하고 잘 관리해야 해요. 며칠 전에 진료를 봤던 동물의 상태를 점검하기 위해서 보호자와 통화하고 그 내용도 기록하고요. 중간에 전화로 문의하는 보호자와 상담도 하죠.

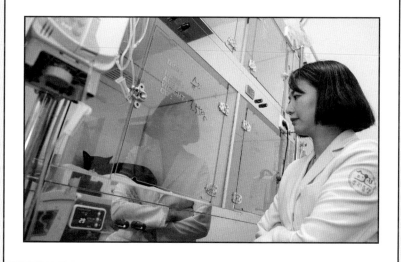

반려동물 돌보기 강의

오늘은 보호자 교육을 신청한 단체에 가서 고양이 돌보기에 대해 강의하는 날이에요. 지난번엔 강아지 돌보기로 강의했고요. 수의학에 대한 전문적인 지식을 강의하기도 하고 이렇게 동물 보호자가 알아야 할 지식을 강의하기도 해요.

제가 일하는 병원이 마포구청과 협력하고 있어서 1년에 두 번씩 정기적으로 강의도 하고 있어요. 비슷한 강의를 할 때가 많아서 강의 자료는 지난번에 만들어 놓은 것에 새로운 내용을 보충하고 좀 더 체계적으로 수정했어요.

경험이 많은 수의사의 강의가 반려동물 보호자들에게 도움이 된다니 보람있는 일이에요.

퇴근 후 운동으로 체력 다지기

강의를 끝내고 나니 퇴근 시간이 되었네요. 오늘은 집으로 바로 가지 않고 한 시간 동안 운동을 할 거예요. 얼마 전부터 어깨와 목이 좀 아파서 필라테스를 시작했어요. 운동하니까 신기하게도 통증이 사라지고 자세도 좋아지네요.

운동을 끝내고 이제 집으로 가서 가족과 함께 저녁을 먹고 쉬는 시간을 가져야겠어요.

CHAPTER. 06

수의사의

마음가짐

수의사는 생명체를 잘 돌보고 치료하는 보람 있는 일도 하지만, 동물들을 떠나보내는 아픈 일도 해요. 힘들고 어려울 때도 있고요. 이럴 때 김희진 선생님은 어떤 마음으로 아픔을 이기고 다시 일어날까요?

생명을 돌보는 마음은 무겁지만 가치가 있어요

처음 수의사가 되었을 때 '나 때문에 어떤 동물이 죽으면 어떻게 하지?'라는 걱정을 제일 많이 했어요. 수의사들이 제일 많이 받는 스트레스 중 하나가 치료하던 동물이 하늘나라로 떠나는 거예요. 내 반려동물이나 남의 반려동물이나 다르지 않아서 수의사가 느끼는 슬픔도 커요.

가끔 반려동물을 잃은 보호자가 수의사를 원망하는 경우가 있어요. 생명이니까, 수의사도 마음이 아픈데 보호자의 원망까지 들으면 상처가 커지죠. 저도 경험했는데 많이 힘들었어요.

이렇게 수의사는 어쩔 수 없이 동물의 죽음을 자주 보게 돼요. 하지만 동물을 떠나보낼 때마다 자책하고 슬퍼하면 이 일을 오랫동안 할 수 없어요. 그래서 저는 울지 않으려고 연습을 많이 했어요. 제가 침착해야 반려동물을 잃은 보호자의 슬픔도 위로할 수 있으니까요.

생명의 무게는 어떻게 해도 가벼워지지 않는 것 같아요. 하지만 그것 때문에 가치있는 일이기도 해요. 그래도 무거워지는 마음으로 괴로울 때는 남편과 이야기를 많이 나눠요. 남편이 제 이야기를 잘 들어주고 위로해주면 마음이 조금은 가벼워지는 것 같아요. 또 수의사 동료들과도 대화를 많이 해요. 서로 위로해주고 다독이면서 하나의 생명이라도 더 살리겠다고 마음을 다잡아요.

보호자의 마음도 돌보는 여유를 가져요

병원엔 항상 반려동물과 보호자가 함께 와요. 수의사가 가장 먼저 할 일은 동물이 어디가 아픈지 찾아내는 거예요. 그러려면 보호자와 대화를 해서 동물의 상태가 어떤지 알아야 해요. 어떤 보호자는 너무 놀라서 대화를 할 수 없을 정도로 흥분상태에 빠져 있기도 해요. 그러면 차분하게 보호자의 마음이 가라앉을 때까지 기다리면서 동물의 상태를 살펴봐요. 그런 후에 보호자의 말을 듣고, 아픈 동물의 상태를 설명하고 어떤 치료를 할지 알리죠. 너무 걱정하지 않도록 보호자를 다독이기도 하고요.

치료가 잘 끝난 동물의 경우 보호자가 음료수를 사 오셔서 감사했다고 인사를 전하기도 해요. 그런데 병이 깊어서 죽음을 앞둔 동물의 보호자를 보면 마음이 아파요. 저도 반려견을 보낸 경험이 있어서 그 마음을 아니까 정성껏 위로해 드려요.

이렇게 수의사는 동물을 치료하는 직업이지만 보호자의 마음을 치료하는 일을 할 때도 많아요.

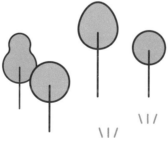

직업병이 있어도 괜찮아요

수의사는 담당하는 임상에 따라 조금씩 다른 직업병이 있는 것 같아요. 저는 수술을 많이 하는 편이라 어깨랑 손목, 손가락에 통증이 좀 있어요. 동물들이 작으니까 장기도 근육도 작아서 수술할 땐 손가락 끝까지 힘을 다 줘야 해요. 하루에 열일곱 번 수술한 날도 있는데 그런 날은 손목이 아파서 잠이 깬 적도 있어요.

주로 약물로 치료하는 내과 의사는 성격이 좀 예민해진다고 해요. 동물은 어디가 아프다고 말을 못하니까 그걸 찾아내기 위해 작은 변화도 놓치지 않아야 하거든요.

이런 직업병이 있지만 아픈 동물을 치료하고 생명을 살리는 보람이 더 크니까 문제없어요.

생명의 무게는 어떻게 해도 가벼워지지 않아요.
아픈 동물을 치료하고 생명을 살리는 기쁨도 크지만,
돌보던 동물이 세상을 떠났을 때는 마음이 아프죠.
이럴 때 수의사는 보호자의 아픔도 함께 나누는
넉넉한 마음이 필요해요.

춤추고 여행하며
마음의 짐을 내려놓아요

일과 생활을 나누어서 하려고 노력해요. 아픈 동물을 살리지 못했을 때 마음이 아프지만 슬픈 마음을 계속 담고 있는 건 좋지 않더라고요. 그래서 병원을 나와서는 여러 가지 취미 생활을 해요. 마음을 비워서 가볍게 해야 다시 일할 힘이 나니까요.

춤추는 것을 좋아해서 대학 다닐 때 재즈 댄스를 배웠어요. 재즈 댄스 선생님이 저보고 춤추면서 왜 그렇게 계속 웃냐고 하더라고요. 제가 춤출 때 항상 웃고 있다는 걸 그때 알았어요. 춤을 추는 동안에는 진료 생각이나 일에 대한 것들에서 완전히 벗어나는 느낌이라 정말 좋아요.

아이를 낳고 나서 마포의 엄마들이랑 춤을 배우는 동아리를 했어요. '춤을 추는 순간만은 육아에서 해방된다'는 생각으로 춤을 추었죠. 코로나 때문에 아쉽게도 동아리 활동을 멈춰야 했지만 그때 우리 목표

는 댄스 대회에 나가는 거였어요.^^

　여행도 좋아해요. 지금은 가지 못하지만 가까운 미래에 세계 여행을 가려고요. 남편도 여행을 좋아해서 아이와 함께 10개월 정도 낯선 나라들을 돌아다니려고 준비하고 있어요. 여행할 생각을 하며 스페인어도 배우고요. 아주 열심히 하는 건 아니고 취미처럼 하고 있어요. 언젠가 세계 어느 나라의 길 위에 있을 저를 상상하면서요.

포르투갈 여행 사진

CHAPTER. 07

수의사의

미래

반려동물의 숫자는 우리나라 인구의 4분의 1이나 된다고 해요. 반려동물이 늘어나는 만큼 수의사가 할 일도 많아지겠죠? 수의사의 미래에 대해 김희진 선생님의 생각을 들어보아요.

반려동물 산업이 커질수록 수의사도 더 필요해요

우리나라에서 반려동물을 키우는 가구는 전체 가구의 30% 정도라고 해요. 세 집에 한 집은 반려동물을 키운다는 건데 실제로는 더 많을 수도 있어요. 반려동물이 늘어난 만큼 질병을 치료하는 수의사도 필요하고, 반려동물이 먹는 사료나 사용하는 용품을 만들 때도 수의사가 필요해요.

요즘엔 '수의사가 만드는 사료', '수의사가 엄선한 영양제'도 인기가 많아요. 또 집으로 찾아가서 과외하듯이 고양이나 개를 돌봐주는 수의사도 있어요. 전문지식을 가진 수의사가 돌봐주고 행동도 교정해주니까 믿음이 가죠.

이처럼 반려동물이 늘어날수록 수의사를 찾는 곳이 더 많아질 수밖에 없어요.

축산업의 발전도
수의사와 함께

조류인플루엔자가 발생해서 닭과 오리를 키우는 농장 주변에 방역을 하고 있다는 뉴스를 본 적이 있을 거예요. 조류인플루엔자는 전염성이 강한 병이라 한 번 발생하면 그 피해가 커요. 돼지는 열병, 소는 구제역과 같은 전염병이 돌고요. 그래서 닭, 돼지, 소 등을 식용으로 키우는 곳에는 반드시 수의사가 있어야 해요. 동물들이 건강하게 자라도록 질병을 관리하는 일은 사람들의 건강을 위해서 매우 중요한 일이니까요. 그래서 사람이 육식을 하지 않는 날까지 수의사는 꼭 필요한 직업이라고 말해요.

동물을 직접 치료하는 일뿐만 아니라 질병의 원인을 찾아내고 치료 방법을 연구하는 일도 수의사가 할 일이에요. 전염병이 발생하기 전에 예방하는 일도 필요하고요.

서울대공원 실습

소 농장 실습

동물이 있는 곳은 어디에나 수의사가 있어요

화장품이나 의약품은 사람이 사용하기 전에 동물에게 먼저 실험을 해요. 부작용은 없는지 알아보기 위해서죠. 이렇게 동물실험을 하는 회사는 반드시 수의사를 채용해야 해요. 수의사는 동물실험에 직접 참여하지는 않아요. 동물이 잘 살아갈 수 있는 환경을 위해 온도나 습도를 관리해 주고 동물실험이 윤리적으로 진행되는지 감시하고 관리하는 역할이죠.

사람을 위한 일 말고 동물을 위한 회사에서도 수의사가 필요해요. 반려동물의 사료를 만들고, 반려동물이 필요한 용품을 만드는 일에 수의사가 할 수 있는 일이 많아요. 반려동물을 위한 안전한 먹거리와 용품도 이제 필수가 되었으니까요.

반려동물이 많아지고 동물복지에 대한 관심이 높아서 앞으로도 수의사가 필요한 회사는 더 많아질 것 같아요.

마사회 실습   서울대공원 실습

CHAPTER. 08

수의사

김희진을

소개합니다.

살아있는 생명체가 좋아서 어려서부터 수의사의 꿈을 키웠다는 김희진 수의사. 꿈을 이루기 위해 어떤 노력을 했는지, 중간에 꿈을 포기하고 싶었던 순간은 없었는지 솔직한 이야기를 들어보는 시간이에요. 김희진 수의사의 반려동물 이야기도 있어요.

여섯 살 때부터 꿈은 항상 수의사!

동물은 숨만 쉬고 있어도 너무 예쁘고 사랑스러워요. 부모님이 집에서 동물을 키우는 걸 좋아하지 않았어요. 그래서 길고양이를 쫓아다니거나 강아지를 키우는 친구 집에 가서 하루 종일 놀았어요. 외할머니 집에서 토끼랑 강아지랑 노는 것도 좋았고요. 외할머니는 동물을 잘 키우는 분이었거든요.

제가 동물을 키우고 싶어하니까 할아버지가 햄스터를 한 마리 문방구에서 사주셔서 키웠던 기억이 있어요. 또 어릴 때 아파트 베란다에 붙어있는 사마귀를 잡아서 키운 적도 있고요. 16층 베란다에서 떨어지면 죽을 것 같아서 곤충 채집통에 넣고 잠자리나 파리를 잡아다 주었죠.

어릴 때 힘없는 동물이나 곤충을 괴롭히는 아이들이 있었어요. 그런 걸 볼 때면 너무 싫어서 하지 말라며 울기도 했어요. 저는 잘 안 우는 아이였는데 동물과 관련된 일이 생겼을 때만 많이 울었어요. 이유 없이 동물이나 곤충을 괴롭히는 걸 보는 게 싫고 너무 힘들었던 것 같아요.

제가 동물이란 단어를 안 건 여섯 살 때였는데, 그때부터 제 꿈은 항상 수의사였어요.

동물과 함께 한 어린 시절

동물이 너무나 예쁘고 사랑스러워서
여섯 살 때부터 수의사가 되는 꿈을 키웠다는
김희진 어린이.

이제 꿈을 이뤄서 아픈 동물들을 치료하는
수의사가 되었어요!

첫 반려동물 방울이

　제가 수의사가 되고 싶다니까 부모님이 응원해주시면서 처음으로 반려동물을 키울 수 있게 해주었어요. 초등학교 고학년 때 고모가 키우던 요크셔테리어가 낳은 새끼를 한 마리 데려왔어요. 조그만 검은색 솜뭉치 같은 강아지였는데 너무 예쁘고 사랑스러워서 그날 세상을 다 가진 것처럼 행복했어요. 방울이라는 이름을 지어주었고 14년 동안 우리 가족과 함께 살았어요.

　방울이에게 '내가 호강시켜줄게. 수의사가 돼서 내가 널 책임질게.'라고 말했어요. 그런데 처음 키우는 거고 초등학생이라 서툴러서 관리를 잘 해주지는 못했어요. 제가 수의대 다닐 때 치매가 왔고 백내장으로 시력을 잃었어요. 방울이를 떠나보낼 때는 마음이 많이 아팠죠.

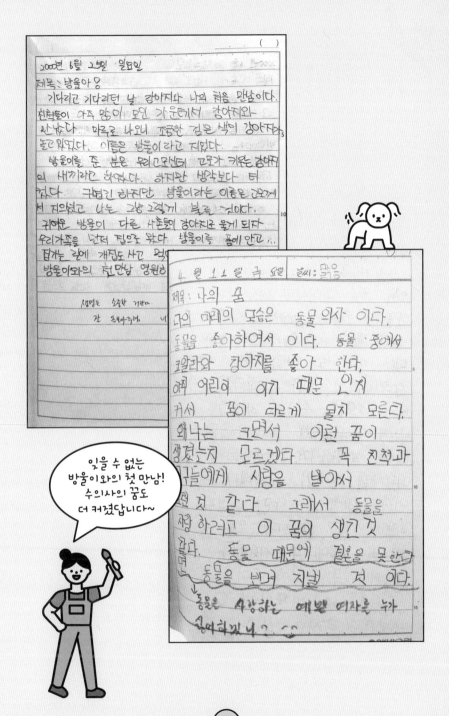

200O년 6월 2○일 ○요일

제목: 방울아?

기다리고 기다리던 날 강아지와 나의 처음 만남이다.
친척들이 아주 많이 모인 가운데서 강아지와
만났다. 마늑로 나의 포동한 검은 색의 강아지가
놀고 있었다. 이름은 방울이라고 지었다.

방울이를 준 분은 우리 고모인데 고모가 키우는 강아지
의 새끼라고 하였다. 하지만 방학보다 터
갔다. 귀엽긴 하지만 방울이라는 이름은 고양게
서 지었고 나는 그냥 그렇게 부를 것이다.
귀여운 방울이 다른 사촌들의 강아지로 옮게 되다
우리가족을 먼저 집으로 왔다. 방울이를 품에 안고 ...
답가는 길에 개집도 사고 먹...
방울이와의 첫 만남 영원하...

생명은 소중한 기란다.
강 동반자로써... 너...

4월 11일 금요일   날씨: 맑음

제목: 나의 꿈

나의 미래의 모습은 동물 의자 이다.
동물을 좋아하여서 이다. 동물 중에서
코알라와 강아지를 좋아 한다.
아직 어린아 아기 때문 인지
커서 꿈이 다르게 될지 모른다.
왜나는 크면서 이런 꿈이
생겼는지 모르겠다 꼭 진척과
...구들에게 사랑을 받아서
...런 것 같다 그래서 동물을
...장 하려고 이 꿈이 생긴 것
...다. 동물 때문에 길을 못 간
... 동물을 버려 지낼 것 이다.

동물을 사랑하는 예쁜 의자를 누가
싫어하겠나요. ☺

학교생활은 언제나 성실하게

중고등학교 때 저는 앞자리에 앉는 걸 좋아했어요. 눈을 크게 뜨고 고개를 계속 끄덕이면서 수업을 들었죠. 선생님들이 저만 보면서 수업을 할 때도 있을 정도로요. 한 번은 국어 선생님이 출판사에서 받은 문제집들이 많다고 저한테 주셨어요. 그리고 '여기서부터 여기까지 풀어 오고 확인받아라.' 하시면서 공부도 봐주셨죠. 학교에서는 자고 학원에서 열심히 공부해서 성적이 좋은 친구들이 있었는데 저는 학교 공부를 열심히 했어요. 그래서 선생님들이 제가 잘 됐으면 좋겠다고 생각하셨나 봐요.

노트 필기도 잘했어요. 펜도 색깔별로 바꿔가면서 과목 내용을 보기 좋게 정리하고요. 국사 과목 같은 암기 시험을 볼 때는 전지에다 정리한 내용을 붙여놓고 가르치듯이 공부했어요.

대학 다닐 때도 마찬가지로 책과 노트에 필기를 잘했어요. 친구들이 제 책과 노트를 빌려가 복사도 많이 했죠. 한 명씩 따로따로 여러 번 복사하니까 학교 복사실 직원이 이럴 거면 한꺼번에 하라고 할 정도였어요. 아무튼 중고등학교 때나 대학에서나 학창시절 내내 저는 수업을 잘 듣고 노트정리를 잘하는 학생이었어요.

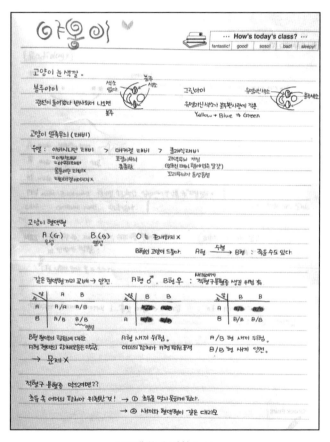

고3때 쓴 수의학 노트

두 번째 반려동물 옹이

방울이를 보내고 고양이를 키웠어요. 큰 도로변에 있는 햄버거 매장 앞에서 사람들이 흘린 너겟을 주워 먹고 있는 고양이를 동생이 구조해 왔어요. 고양이 울음소리를 따서 '옹이'라고 이름을 지었죠.

옹이는 위험한 도로변에서 살아서 그런지 사람을 싫어하고 공격적이었어요. 한 달 동안 옷장 밑에서 숨어 살았어요. 밥도 새벽에 몰래 나와서 먹고는 다시 옷장 밑으로 들어갔어요. 옹이가 처음으로 제 손이 닿도록 허락해 주었던 그날이 지금도 기억에 남아요. 마음을 한 번 여니까 그다음부터는 사람 손길이 닿기만 해도 골골대고 그르릉하고 좋아하더라고요.

안타깝게도 옹이는 얼마 전 제 곁을 떠났어요.

반려묘 옹이

인턴을 하며 일을 배웠어요

대학을 졸업하고 동물병원에 인턴으로 들어갔어요. 그 병원은 6~7명의 인턴을 뽑아서 교육시켰는데 체계가 잘 잡혀있었어요. 선생님들이 돌아가면서 가르쳐주시고, 2주에 한 번씩 쪽지시험도 보면서 기본적인 훈련을 열심히 받았죠. 그때 동물의 병을 진단하는 방법과 수술하는 방법을 잘 배웠어요.

그 후엔 건국대학교 내과 교수님 밑에서 일했어요. 굉장히 유능한 분이었는데 짜증 한 번 안 내고 하나하나 친절하게 가르쳐 주셨어요.

꿈을 이루기 위해 최선을 다해 공부해서
수의과대학에 들어갔어요.
대학을 졸업하고 동물병원에서 인턴을 하며
수의사가 해야 할 일을 배웠고요.
긴 시간 동안 꿈을 향해 달려왔더니
드디어 꿈을 이루었네요.

임상 수의사를
포기할 뻔한 적도

수의학과 학생들은 동물병원에서 야간 실습을 해요. 제가 실습했던 병원은 전문 의료진이 있어서 밤에 응급으로 들어오는 동물을 수술할 때가 많았어요. 진료를 오는 동물도 매우 다양했는데요. 강아지, 고양이뿐 아니라 거북이, 토끼도 왔어요.

한 번은 토끼를 밤새 돌보게 되었어요. 토끼 보호자가 실습생이던 저에게도 고개를 숙이며 잘 부탁한다고 하니까 저도 더 신경 써서 돌봤죠. 그런데 새벽까지 상태가 괜찮았던 토끼가 해가 뜨자마자 경련을 일으키며 죽었어요. 너무 허무하고 슬펐어요. 보호자의 간절한 마음을 아니까 더 아팠던 기억이 나네요.

그때는 일주일에 한 번 실습을 나갔는데, 매주 두 마리 이상의 동물이 사망하는 걸 봤어요. 동물을 사랑해서 수의사를 꿈꿨던 저로서는 너무 힘든 일이었어요. 수의사가 되면 앞으로도 이렇게 사망하는 동물을 봐야 한다는 현실을 처음으로 알게 되었던 거죠. 그렇지만 수의사의 꿈은 포기할 수 없었어요.

보호자의 간절한 마음을 담아 수의사도 동물의 병을 치료하려고 애써요.

협동조합이 만든
동물병원 수의사가 되다

건국대학교 부속 동물병원에서 1년 동안 일하고 나서 결혼을 했어요. 아이가 태어나면서 일을 그만두고 1년 동안 육아를 했죠. 그 후에 취직한 동물병원이 지금 일하는 곳이에요.

이 동물병원은 여러 사람들이 돈을 모아 세운 협동조합이에요. 돈을 많이 버는 것을 목적으로 하지 않는 병원이라 과잉 진료를 하지 않고, 반려동물뿐 아니라 길거리에 있는 동물의 복지도 생각하는 병원이죠. 사람과 동물이 함께 살아가는 사회를 만들기 위해 보호자 교육도 하고 거리에 나가 무료 진료도 해요.

처음부터 특별한 사명감이 있어서 이 병원에 온 건 아니지만 점점 필요한 일을 하고 있다는 자부심이 생겨요.

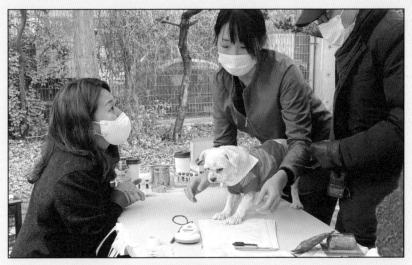

강아지 심장사상충 검사

버스 의료 지원

보호자 교육도 수의사가 할 일

진료하는 일 다음으로 강의하는 일에 많은 시간을 보내요. 동물에게 약을 먹이는 방법, 집에서 치료하는 방법, 동물의 행동과 습관을 고치는 방법을 보호자가 알고 있어야 반려동물을 잘 키울 수 있어요. 그러자면 보호자도 교육이 필요하죠. 요즘엔 보호자 교육을 요청하는 단체가 많이 있어서 강의를 많이 나가요. 특히나 제가 일하는 동물병원은 강의를 할 수 있는 기회가 정말 많아요. 이 병원의 채용조건 중 하나가 강의를 할 수 있는가였어요.

제가 했던 강의 중에 동물보건사 강의가 있어요. 여성발전센터에서 동물보건사로 일하려는 사람 대상으로 한 강의를 열었어요. 센터에서도 처음 여는 강의라서 저도 교육 과정을 짜는 데 힘을 보탰죠. 일주일에 두 번이나 시간을 뺄 수 없어서 금요일에 네 시간씩 강의를 했는데요. 해부학, 수의 내과학, 수의 외과학, 동물 영양학 등의 내용이었어요. 강의에는 동물보건사를 꿈꾸는 사람뿐 아니라 동물에 대해 알고 싶은 사람들이 꽤 많이 왔어요. 대학 강의처럼 어려운 내용인데도 수강자들이 공부하려는 의지가 커서 예상보다 긴 시간 강의를 이어나갔어요. 대학에서 배운 내용을 정리할 수 있어서 저한테도 도움이 되었고요.

강의하는 모습

따뜻한 수의사가 되고 싶어요

지금 저는 '친절한 수의사'는 된 것 같아요. 그리고 지금 일하는 동물병원에 있으면서 정직한 수의사라는 말도 듣고 있고요. 고마운 일이에요.

앞으로는 '따뜻한 수의사'라는 말을 듣고 싶어요. 모든 생명은 끝이 있는데, 그 끝을 함께 보내고 나서도 따뜻하게 남아있었으면 좋겠어요. 동물들한테도 보호자들한테도.

반려동물뿐 아니라
길거리에 있는 동물의 복지도 생각하는 수의사,
사람과 동물이 함께 살아가는 사회를 만들기 위해
보호자 교육도 하는 수의사,
친절하고 정직한 수의사는 된 것 같아요.
앞으로는 따뜻한 수의사가 되고 싶어요^^

CHAPTER. 09

CAT

10문 10답

Q&A

앞에서 하지 못한 이야기, 궁금한 이야기를 10개의 질문으로 모아보았어요. 개와 고양이는 어떻게 다른 동물인지, 길고양이를 구조할 때 조심할 점은 무엇인지, 반려동물을 키우려고 할 때 생각할 점은 무엇인지도 알려주신대요.

고양이 알러지가 있어도 수의사가 될 수 있나요?

인턴으로 있던 곳이 고양이 친화 동물병원이라 고양이가 많이 왔어요. 그때 고양이를 처음 만져봤는데 기침이 나오고 눈물이 흘렀어요. 고양이 알러지였죠. 다행히 1년 내내 알러지 반응이 나타나는 게 아니고 몸이 피곤할 때만 반응이 와요. 심할 때는 눈물과 콧물이 많이 흐르고, 눈의 흰자(공막)가 부어오르죠. 그럴 때는 약을 먹으면 괜찮아져요.

저는 고양이파 수의사예요. 동물을 다 좋아하긴 하지만 강아지보다는 고양이에게 더 마음이 가더라고요. 제가 키웠던 반려묘가 치즈태비 노란 고양이였어요. 그래서 노란 고양이만 보면 다 예쁘다는 생각이 들어요.

저처럼 고양이 알러지가 있어도 수의사가 될 수 있어요. 고양이 알러지가 있는데도 반려묘를 키우는 분들도 많고요.

수의사의 연봉은?

　수의사의 평균 연봉은 2020년 기준으로 6,000만 원이라고 해요. 실제로는 경력이나 능력에 따라 달라요.

　수의과대학을 졸업하고 3년 정도가 지나면 월급이 차이가 나기 시작하는데요. 원장 한 명이 있는 작은 병원은 경력이 많은 수의사가 필요 없어서 월급이 많지는 않아요. 석박사 학위가 있고, 또 여러 수술을 할 수 있거나 질병에 대한 진단과 치료를 잘한다면 연봉은 더 높아요.

　실제로 큰 병원에서는 '몇 년 차 내과 선생님, 외과 선생님 구합니다', '석사학위 소지자 우대합니다'라고 구인광고를 내고요. 아예 '월급은 여기서부터 여기까지, 능력에 따라 정함'이라고 쓰기도 해요.

반려동물을 키우는 데 얼마 정도의 돈이 드나요?

'2021년 KB 반려동물 보고서'에 따르면 한 달에 평균적으로 반려견은 13만 원, 반려묘는 10만 원 정도의 양육비가 든다고 해요. 이건 평균일 뿐이고 실제로는 좀 차이가 있어요. 사료만 먹는 반려동물이 있는가 하면 명품 옷을 입히고 매일 유치원에 다니는 반려동물이 있으니까요.

반려동물의 나이에 따라 들어가는 비용도 생각해 봐야 해요. 중간 나이까지는 병원비가 별로 들지 않지만 나이가 들면 매일 약을 먹어야 하는 병이 생길 수도 있어요. 이럴 경우에 대비해서 보험에 든다거나 적금을 드는 것도 좋을 것 같아요.

수의학에도
♬ 로봇 수술 시스템을 사용하나요?

네. 의학에서 쓰는 로봇 수술 시스템을 수의학에서도 사용하고 있어요. 요즘에는 동물도 복강경 수술을 해서 흉터도 없고 수술 후 통증도 적어요. 그렇다고 로봇에게 수술을 다 맡겨 놓을 수는 없어요. 반려동물은 작아서 기계가 조금이라도 흐트러지거나 정밀하지 않으면 치료하기 어려워서 아직은 사람 손이 많이 필요해요. 그렇지만 의학에서 새로운 장비를 만들 때 동물로 먼저 실험을 할 것이고, 동물에 먼저 사용하기 때문에 의학과 수의학은 같이 발전할 수밖에 없어요.

일하다 다친 적은?

인턴 때 일하던 동물병원이 고양이 구조단체와 연계된 병원이라 길고양이들이 진료를 보러 많이 왔어요. 하루는 나이 든 길고양이가 구조되어 왔어요. 치료를 위해 제가 앞다리를 잡고 있었는데 길고양이가 고개를 확 돌리고는 제 손을 송곳니로 콱 씹어버렸어요. 손에 관통상을 입어서 염증이 생겼죠. 낫긴 했는데 흉터는 아직도 조금 남아있어요.

그래서 요즘에는 동물도 안 다치고 사람도 안 다치도록 마취하는 방법을 써요. 대부분의 길고양이들은 사람을 경계하기 때문에 사람이 손을 대면 더 날카로워지고 공포스러워 해요. 그땐 마취를 먼저 하고 검사하는 것을 추천해요. 고양이는 흥분한 상태가 되면 자기의 분을 못 이겨서 사망할 수도 있거든요.

강아지와 고양이는 어떻게 다른가요?

강아지와 고양이는 표현을 잘하는 동물인데 행동은 달라요. 강아지는 공격하기 전에 으르렁거리면서 치아를 드러내고 자세를 낮추는 식으로 신호를 보내요. 고양이는 카악 소리를 내면서 귀를 뒤로 젖히고 꼬리를 세워서 몸을 부풀리죠. 이런 신호를 보이면 접근하지 않는 게 좋아요. 이럴 때 고양이는 시간을 좀 주면 가라앉는 경향이 있어요. 반면에 강아지는 시간을 준다고 해서 꼭 해결되지는 않더라고요.

고양이가 불안해하면 이불을 덮어주거나 케이지에 넣어주는 게 좋아요. 강아지에게 하는 것처럼 어르려고 하다가는 손을 물릴 수 있어요. 또 고양이는 큰 움직임이나 소음을 싫어하니까 갑자기 움직이거나 큰 소리를 내는 건 조심해야 하고요. 그래서 고양이 수의사가 되면 예민해져요. 조용한 장소에서 적은 움직임으로 고양이를 빠르게 다뤄야 하거든요. 시간을 끌수록 고양이가 더 화를 내니까 진료가 어려워요.

강아지는 보호자가 있을 때와 없을 때 행동이 다르기도 해요. 그런데 고양이는 보호자가 있건 없건 상관없어요. 강아지와 고양이는 보호자와 사랑을 하는 방법도 달라요. 강아지는 사람을 기다리고 늘 관심 받기를 바라요. 보호자가 다른 일을 하다가 강아지를 보면 항상 눈이 마주쳐요. 그만큼 강아지는 사람에게서 눈을 떼지 않고 사람에게 사랑을 주는 거예요. 강아지와 많은 시간을 보낼 수 없는 보호자는 미안한 마음이 들고 때로는 부담스럽기도 하죠. 반면 고양이는 보호자가 뭘 하건 상관없이 자기 생활을 해요. 그래서 고양이를 키우던 보호자가 강아지를 키우면 힘들 수 있어요.

반려동물에게 위험한 음식이 있나요?

반려동물은 사람이 먹는 음식을 다 먹고 싶어 해요. 그런데 사람에게는 좋은 음식이지만 동물에게는 독이 되는 것들이 있어요. 양파, 파, 마늘, 부추와 같은 식물은 반려동물의 적혈구를 파괴해 빈혈을 일으킬 수 있어요. 포도는 신장을 망가뜨리고, 초콜릿은 심장에 무리를 주고요. 마카다미아는 신경독성을, 아보카도는 구토와 설사를 일으키니까 조심해야 해요.

길고양이를 구조할 때
조심할 일은?

어떤 분이 길고양이를 구조해서 병원에 오는 길이라고 전화가 와서 기다리고 있었어요. 그런데 고양이 없이 보호자만 얼굴과 손을 고양이에게 긁힌 채로 병원에 왔어요. 고양이를 구조해서 안고 오다가 고양이가 보호자의 품에서 도망쳤대요.

고양이는 갇혀 있는 공간을 편안하게 생각하고 뻥 뚫려 있는 바깥을 공포스럽게 느끼는 경향이 있어요. 그래서 사람 품에서 뛰어내려서 아무 데로나 막 달려가는 거예요. 굉장히 위험한 일이죠. 이럴 때 차 사고도 많이 나고요.

고양이를 데리고 이동할 때나 길고양이를 구조할 때는 반드시 케이지가 있어야 해요. 이건 꼭 알아두면 좋겠어요.

동물들이 말을 할 수 있다면?

동물의 말을 번역하는 기계가 있어요. 써본 사람들이 얘기하긴 했는데 저는 아직 기계가 동물의 말을 잘 번역했는지 모르겠어요.

만약에 동물의 말을 정확하게 번역해 주는 기계가 나온다면 듣고 싶은 말은 있어요. 제가 내린 결정이 옳다고, 고맙다고 말해주면 좋겠어요. 치료할 수 없는 상태가 된 동물은 보호자와 의논해서 안락사를 결정해요. 그때는 정말 동물이 괴롭더라도 보호자 곁에서 더 머물고 싶은지, 아니면 끔찍한 고통을 당장 끝내주었으면 좋은지 알 수가 없으니까 고민이 돼요. 그럴 때 동물이 말을 해준다면 좋겠어요.

어떤 때 안락사를 결정하나요?

　동물이 정말 많이 아프면 호흡이 빨라지거나 낑낑거리는 소리를 내요. 심하면 의식이 없는 것처럼 보이기도 하고요. 그럴 때는 안락사를 선택할 것인지 아니면 끝까지 곁에 둘 것인지 보호자의 의견을 물어요. 마음이 아파도 안락사를 결정하는 보호자도 있고, 생각해 보겠다고 동물을 데리고 집으로 돌아가는 보호자도 있어요.

　제 기억에 오랫동안 남아있는 스무 살 된 강아지가 있어요. 나이도 많고 심장과 신장이 안 좋아서 똥오줌도 못 가리고 밥도 강제로 먹여야 하는데 볼 때마다 항상 깨끗한 거예요. 보호자가 강아지를 아끼고 잘 돌보고 있었던 거죠. 매일 아침에 병원에 와서 치료를 받고 저녁에 데려가는 생활을 꽤 오랫동안 하다가 안락사 없이 떠났어요.

　그때 고민을 많이 했어요. 고통스러운 시간을 오랫동안 보내고 자연사하는 게 동물에게 더 나은 일일까, 아니면 안락사를 하는 게 나을까.

동물이 고통스러워하는 모습을 지켜보는 보호자도 역시 그 시간이 고통이니까 어떤 선택이 더 나았을까 생각하게 된 거죠. 아직 정해진 답은 없어요. 동물이 선택할 수 없는 문제라 보호자와 수의사가 함께 더 많이 고민해야 할 것 같아요.

강아지와 고양이는 표현을 잘하는 동물인데
표현의 방식은 다르니까 잘 알아보고 키워야 해요.
반려동물에게 독이 되는 음식도 있다는 것도
알고 있어야 하고요.
반려동물과 함께 행복하게 오랫동안 살기 위해서는
노력이 필요하다는 것, 꼭 기억하세요~

CHAPTER. 10

수의사 김희진의

업무 엿보기

우리동물병원생명 사회적협동조합에서 일해요

병원 이름이 좀 길죠? 줄여서 '우리동생'이라고 불러요. 반려동물도 가족이자 우리 사회 구성원이라는 의미를 담고 있어요. '우리동생'은 다양한 조합원들이 돈을 모아서 만든 협동조합이에요. 반려동물이 생명을 다할 때까지 돌보고, 나아가 도움이 필요한 동물을 도와주자는 목표를 가지고 있어요. 처음엔 수의사 한 명이 참여했었는데 지금은 여러 명의 수의사가 일하고 있죠.

돈을 많이 벌기 위해 세운 병원이 아니라서 병원을 유지할 수 있는 최소한의 이익만 내면 돼요. 그래서 과잉 진료가 없어요. 또 병원이 잘못 운영되지 않도록 감시하는 조합원들이 있어서 투명하게 병원을 관리할 수 있어요.

동물 구조단체와 협력해요

　　동물을 구조하는 단체인 카라와 협력을 많이 해요. 카라는 구조된 동물을 치료하기 위해서 동물병원도 운영해요. 원래는 마포구에 있다가 규모를 키워서 파주시로 이사갔어요. 그래서 카라에 다니던 여러 명의 사람들이 우리동생으로 옮겨왔고요.

　　카라에서 구조한 동물을 급하게 치료해야 하는데 파주까지 갈 시간이 없을 때는 우리병원에서 진료를 보기도 해요. 어떤 사업은 함께 하고요. 카라와 우리동생은 서로 도움을 주고받는 관계에 있어요.

서울시와 협력하는 '애니멀 호더' 지원 프로그램

반려동물을 도저히 키울 수 없는 환경에서 여러 마리의 강아지와 고양이를 키우는 사람들이 있어요. 이런 사람을 애니멀 호더라고 해요. 우리동생에서는 애니멀 호더에게서 반려동물들을 데리고 와서 다른 곳에 입양 보내는 일을 해요. 서울시가 지원하는 프로그램으로 사회복지사들의 도움을 받아야만 할 수 있어요.

애니멀 호더는 동물에 대한 집착이 강해서 자신이 빼앗긴 동물을 찾아오기도 해요. 법적으로는 문제가 없어서 막을 방법이 없어요. 그래서 사회복지사들이 관심을 가지고 그 사람들을 지켜봐 줘야 해요.

길고양이의 중성화수술도

　서울시 은평구에서 하는 길고양이 중성화수술인 TNR을 우리 병원에서 함께 진행하고 있어요. 길에서 사는 고양이 숫자가 많이 늘어나면 생태계에 좋지 않은 영향을 미쳐요. 고양이의 울음소리로 인해 사람들의 생활에 불편을 주고요. 그래서 길고양이를 구조해서 중성화수술을 시키고 그 표시로 귀를 1cm 잘라서 다시 살던 곳에 놓아 줘요.

　또 다친 길고양이를 치료하는 의료 나눔 프로그램을 진행하고 있어요. 길고양이를 구조해 오면 치료비의 50%만 내는 거예요. 우리 병원의 조합원들만 이 프로그램을 이용할 수 있어요. 1년 동안 치료할 수 있는 마릿수가 정해져 있지만 조합원들이 마음 편하게 구조하고 치료할 수 있도록 치료비 부담을 덜어주고 있지요.

CHAPTER. 11

나도

수의사

"강아지가 자꾸 구토를 해요"
보호자가 강아지를 데리고 왔을 때 진찰 순서를 자세하게 작성해 주세요.

1. _____
_____
_____
_____

2. _____
_____
_____

3. _____
_____
_____
_____

1. 강아지는 직접 이야기를 할 수 없기 때문에 강아지를 대신한 보호자와의 대화가 매우 중요해요.

구토의 원인이 될 만한 것을 추리기 위해 보호자에게 자세히 물어봐요. 강아지의 나이와 환경, 습관도 구토와 연관이 있을 수 있어요. 구토의 빈도와 횟수, 양상(연거푸 구토를 하는지, 드문드문하는지), 내용물, 색깔(사진이 있다면 더 좋아요), 구토를 하기 전 식이, 새롭게 먹은 게 있는지, 특별한 활동이 있었는지, 구토 후 식욕이 있는지, 설사를 하진 않는지, 평소 구토 증상이 있었는지, 기존에 치료 중인 질환이 있는지 보호자와 충분히 대화를 나눈 후 구토의 원인이 이물인지 아닌지를 먼저 구분해요.

2. 필요한 검사를 진행해요.

방사선 검사, 초음파 검사, 혈액 검사가 필요한 경우 검사를 진행해요. 강아지의 배를 압박하여 통증 반응이 있는 경우 췌장염도 가진단 목록에 올려놓고 키트 검사를 하고요.

3. 검사 후 최종 진단이 나오면 진단된 질환에 따라 약물 처치, 주사 처치, 수술 등을 진행해요.

CHAPTER. 12

수의사가 알려주는

슬기로운

보호자 생활

수의사가 알려주는
동물 보호자로서 지켜야 할 다섯 가지

1. 병원에서 예민한 동물들을 위해 자기 개, 고양이를 잘 안고 있기

나의 반려동물이 소중하듯 남의 반려동물도 귀하죠. 내 반려동물이 최고고, 내 반려동물은 물지 않는다고 하는 분들이 제법 있어요. 그런데 이런 생각이 다른 사람을 불편하게 할 수도 있으니까 주의해 주세요.

2. 수의사에게 말할 것, 물어볼 것을 미리 생각해 오기

동물들은 말을 할 수 없으니까 보호자가 주는 정보가 굉장히 중요한데, 말해야 할 것을 말하지 못해서 놓치는 경우가 생기기도 해요. 미리 준비해 오면 훨씬 더 좋고요. 가끔 미안해하는 분도 계신데 물어볼 걸 다 적어오는 게 더 좋아요.

3. 수의사가 접근하기 전에 공격성 여부 알려주기

이미 만지고 있는데 문다고 나중에 얘기하면 안 돼요. 저희도 사람인지라 아프고 싶지 않거든요. 공격성을 미리 알려주셔야 해요.

4. "우리 애는 물지 않아요."라고 얘기하지 않기

우리 애는 물지 않는다고 안심을 하지만 꼭 애들이 사나워야만 무는 게 아니거든요. 공포에 질리거나 뒷걸음질 칠 곳이 없을 때 지렁이도 꿈틀한다고 얘기를 하듯이 갑자기 돌변할 수도 있어요. 그래서 간혹 저희가 넥 칼라를 씌우거나 붙잡거나 하면 우리 애는 안 무는데 왜 이렇게까지 하냐고 하는 분들도 있는데요. 수의사가 안전을 위해 하는 건 이해해 주세요.

5. 미리 전화로 예약을 하고 병원에 가기

애가 아픈데 무슨 예약을 하냐고 하는 분도 있는데, 응급 상황이면 할 수 없지만 그렇지 않다면 미리 전화 한 통 하고 가주세요.

수의사가 알려주는 응급처치 팁

응급은 ABCD만 기억하면 돼요.

A는 Airway

기도를 확보하는 건데, 경련을 일으키거나 갑자기 기절을 한 상황에서 쓸 수 있고, 일단 숨을 쉴 수 있게 목을 펴주는 거예요. 동물들의 기본자세는 옆으로 눕는 건데, 그때 고개가 아래나 위로 꺾이지 않도록 해서 호흡기를 잘 열어주는 거고요. 이때 가능하면 혀를 빼주고 거품 같은 게 있으면 닦아서 제거해 줘서 호흡할 수 있는 통로를 뚫어주는 게 첫 번째 A가 되고요.

B는 Breath

숨을 불어 쉬는 거예요. 개는 입으로 숨쉬기보다는 주로 코로 숨을 쉬니까 코에다 바람을 불어 넣는 게 Breath가 될 거고요.

C는 Circulation

심장 압박을 해 주는 거예요. 만약에 몸통이 원통형으로 생긴 불도그 같은 애들은 사람처럼 누워서 심장 마사지를 하고, 그 외에 흉부가 좁고 긴 동물들이나 소형견들은 옆으로 누워서 하는 거고, 몰티즈는 등을 한쪽 손으로 받치고 엄지랑 나머지 손으로 심장을 마사지해 주는 게 방법이에요. 흉부가 큰 대형견은 압박을 다르게 하는데요, 13kg 강아지까지는 0.5~1인치의 깊이로 한 번 호흡을 불어 넣고 다섯 번 심장 압박을 하면 돼요. 몸무게가 더 나가면 1~3인치 정도의 깊이로 압박하고요.

심장은 갈비뼈 안에 있으니까 갈비뼈를 누르는 거예요. 그래서 너무 세게 누르면 갈비뼈가 부러지는 상황이 생길 수도 있어요. 그건 사람도 마찬가지고요. 갈비뼈가 부러져서 오히려 출혈을 유발할 수도 있으니까 너무 세게는 하면 안 돼요. 1cm만 들어갔다 나갔다 해야 하는데 응급 상황이 닥치면 잘 생각나지 않죠. 그래서 잘 기억해 두고 있다가 응급 상황이 생기면 최대한 Circulation을 하면서 병원에 오셔야 해요.

그리고 하임리히법의 경우, 미국은 워낙 큰 개들이 많아서 큰 개 기준으로 되어 있는데 사람도 질식했을 때의 응급처치법이 병원에 가보면 붙어 있잖아요. 한쪽 손으로 받치고 복부, 명치 있는 데를 확 잡아 올리는 방법이 있어요.

D는 Drug

마지막은 약을 써야 하는데 집에서 판단하고 제조해서 먹일 수는 없겠죠. 앞에 말씀드린 ABC를 처치하면서 가까운 병원으로 달려 가야죠. 그래서 가까운 병원이 어디에 있는지, 혹시 모를 상황을 대비해 24시 병원의 위치를 미리 알고 있는 것도 중요해요. 혹시 병원이 별로 없는 외진 지역이라면, 전화로 상황을 설명하고 물어볼 수 있는 24시 병원이 있는지도 미리 알아두는 게 좋아요.

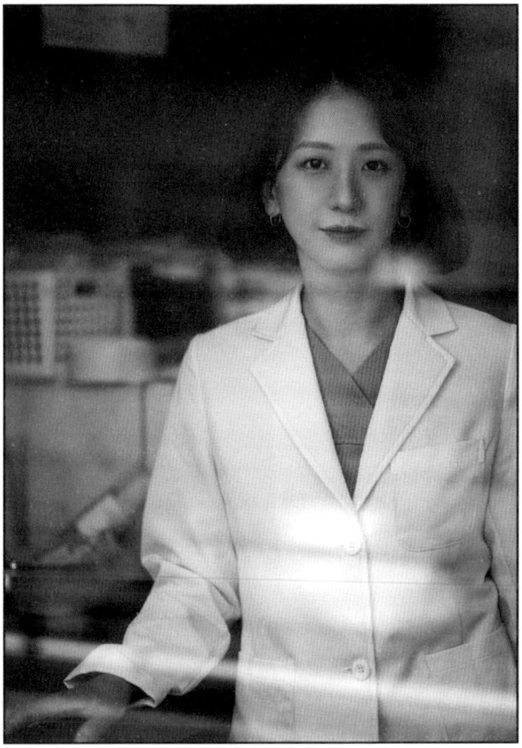

초등학생의 진로와 직업 탐색을 위한 잡프러포즈 시리즈 09

수의사는 어때?

2024년 09월 20일 | 초판 3쇄

지은이 | 김희진
펴낸이 | 김민영
펴낸곳 | 토크쇼

편집인 | 박성은
표지 디자인 | 이민정
본문 디자인 | 스튜디오제리
마케팅 | 신성종
홍보 | 이예지

출판등록 2016년 7월 21일 제2019-000113호
주소 | 서울시 마포구 월드컵북로 98, 202호
전화 | 070-4200-0327
팩스 | 070-7966-9327
전자우편 | myys327@gmail.com
ISBN | 979-11-91299-63-2 (73190)
정가 | 13,000원